I0036805

מתיאס פידלר

הרעיון של המבחר החדשני בנדל"ן: התיווך בתחום הנדל"ן הפך לכל כך פשוט

בחירת נכס דלא ניידי: הבחירה היעילה, הפשוטה והמקצועית בתיווך בתחום הנדל"ן היא באמצעות הפורטל החדשני לבחירת הנדל"ן

מידע על המו"ל

המהדורה ה 1- שיצאה לאור בפברואר 2017
הופיע במקור בגרמניה, בדצמבר 2016

מתיאס פידלר© 2016

מתיאס פידלר
Erika-von-Brockdorff-Str. 19
41352 Korschenbroich
Deutschland
www.matthiasfiedler.net

הפקה והדפסה:ראה הטבעת חותם בעמוד האחרון

מתיאס פידלרצורת ההדפסה של הכריכה לספר:

הכנה של הספר האלקטרוני: מתיאס פידלר
כל הזכויות שמורות

ISBN-13 (Paperback): 978-3-947184-55-2
ISBN-13 (E-Book mobi): 978-3-947128-16-7
ISBN-13 (E-Book epub): 978-3-947128-17-4

בחוקי הזכויות היוצרים הזאת לרבות המרכיבים שלה, מוגנת עבודהה
עבודה הזאת) אינו מותר ללא הסכמה הכל עיבוד (אפילו חלק של מ
מפורשת בכתב של המחבר והיא עבירה.
זה חל לגרסאות האלקטרוניות ולכל העתקה אחרת, לתרגום, לשמירה .
בכונני זיכרון, לעריכה, לעיבוד, להוספה ופרסום לציבור בכל צורה
שהיא (למשל, באמצעות צילום, מיקרופילם או כל שיטה אחרת.)
המידע הביבליוגרפי של הספרייה הלאומית הגרמנית:
הספרייה הלאומית בגרמניה מכניסה את היצירה הזו לרשימה
הביבליוגרפית הלאומית הגרמנית; המידע הביבליוגרפי המפורט זמין
להורדה בקישור האינטרנט:
http://dnb.d-nb.de

ביאור

ספר זה מסביר את הרעיון המהפכני של הפורטל לבחירת הנדל"ן שמקיף את העולם כולו ומחזוריותו הכלכלי לשנה מגיע למיליארדי אירו.

בזכותו, ניתן לחכור ולסחור במבנים תעשיתיים, גם כן במבני מגורים ולתווך ביעילות, תוך חיסכון בזמן..

מאחורי הפורטל עומד העתיד של כל התיווך החדשני והמקצועי בתחום הנדל"ן לכל המתווכים והקונים של נכסי דלא ניידי.

בחירת הנדל"ן פועלת כמעט בכל מדינה ואפילו בשותפות כמה מהמדינות.

במקום "להביא" נדל"ן לקונים ולמשכירים, בפורטל לבחירת הנדל"ן- ניתן לכל אדם שמעוניין לרכוש נדל"ן (דרך מנוע החיפוש) לתאם את רצונם עם מתווך שמייצג את הנדל"ן.

תוכן העניינים

מבוא

בשנת 2011, אני פיתחתי את הרעיון של המבחר החדשני של נכס דלא ניידי כפי שיתואר בהמשך. מאז 1998 אני עובד במגזר הכלכלי, נדל"ן (בין היתר, בתיווך בנדל"ן, בקנייה ומכירה, הערכה, השכרה ופיתוח של קרקעות).

בנוסף, אני מומחה בתחום הכלכלה וסידור פעילויות בענף הנכס דלא ניידי. היני נושא תעודה בתחום הנדל"ן.

כמו כן חבר בעמותה הבין לאומית המוכרת בכל העולם (אישור של DEKRA) Royal Institution, of Chartered Surveyors (MRICS).

מתיאס פידלרKorschenbroich, 31.10.2016ב

www.matthiasfiedler.net

1. הרעיון של המבחר החדשני בנדל"ן: התיווך בתחום הנדל"ן הפך לכל כך פשוט.

בחירת נכס דלא ניידי: הבחירה היעילה, הפשוטה והמקצועית בתיווך בתחום הנדל"ן היא באמצעות הפורטל החדשני לבחירת הנדל"ן

במקום "להביא" נדל"ן לקונים ולמשכירים, בפורטל לבחירת הנדל"ן - ניתן לכל אדם שמעוניין לרכוש נדל"ן (דרך מנוע החיפוש) לתאם את רצונם עם מתווך שמייצג את הנדל"ן.

2. מטרות הקונים והאנשים שמציעים את הנדל"ן

מנקודת המבט של מחכיר ומוכר הנדל"ן, חשוב למכור או להשכיר את הנכס שלו במהירות ובמחיר הגבוה ככל האפשר.

מנקודת המבט של האנשים שמעוניינים לקנייה והשכרה, חשוב למצוא את הנכס המתאים לרצונם ולקנות או לשכור אותו במהירות ובקלות.

3. השיטה הקודמת בחיפוש הנדל"ן

ככלל, האנשים המתעניינים מחפשים את הנכס הדלא ניידי באזור ההכרחי להם בפורטלים גדולים באינטרנט.

שם הם יכולים לבקש נדל"ן או רשימה של קישורים לנדל"ן באמצעות הדואר אלקטרוני, אם יצרו פרופיל משתמש בסיסי.

לעתים קרובות הגורם המעוניין משתמש ב- 2-3 פורטלים במקביל. אחרי זה, לרוב, האנשים שמציעים את הנדל"ן יוצרים קשר באמצעות הדואר אלקטרוני. אנשים שהגישו הצעות מקבלים הזדמנות ואישור ליצור קשר עם הלקוחות.

בנוסף האנשים המתעניינים בנכס דלא ניידי יוצרים קשר עם מתווכים פרטיים, שעובדים עם נדל"ן באזור הנחוץ ובכל פעם הם שומרים את פרופיל המשתמש.

חברות מסחריות, שמציעות נדל"ן הן משמשות כמתווכות והן חלקן חברות בנייה, שמוכרות את הנדל"ן (בטקסט החברות שמציעות את הנדל"ן, מופיעות כמתווכים, שעובדים עם נדל''ן).

4. נחותות שיטת התיווך ממתווך פרטי לעומת שיטת התיווך בפורטל

בעת קניית הנדל"ן מהמוכר הפרטי לא תמיד מובטחת מכירה מיידית, כי, למשל, במקרה של ירושה- אין דעה מגובשת בין היורשים או אין תעודת ירושה. בנוסף, במכירה יכולים להופיע בעיות משפטיות לא מובהרות, לרבות הזכות להשתמש בנכס.

במקרה של נכס מושכר יכול להיווצר מצב, שבו המשכיר הפרטי לא ביקש אישור מהרשויות, למשל, אם הנכס (השֶׁטַח) שמיועד לשימוש תעשייתי, מושכר לשימוש מגורים.

המתווך מחויב למצוא בדרך כלל את הפיתרון לאספקטים שהוזכרו.

בנוסף, לעתים קרובות כל המסמכים החשובים על הנכס (התכנית של המתקן, מיקומו בשטח, דרכון האנרגיה, רישום הקרקע, מסמכים מהרשויות וכן הלאה.) כבר זמינים.

- לפיכך, המכירה או ההשכרה יכולה להיעשות באופן מיידי וללא סיבוכים.

5. בחירת נכס

כדי להגיע להסכם בין המוכר או המשכיר לבין
האנשים המעוניינים במהירות וביעילות, חשוב
להציע גישה שיטתית ומקצועית בשלמותה. הדבר
נעשה באמצעות סדר פעולות אחר בין המתווך,
שעובד עם נדל''ן, לבין האנשים המעוניינים, או
במהלך תהליך החיפוש של הנכס. כלומר, במקום
"להביא" נדל"ן לקונים ולמשכירים, בפורטל לבחירת
הנדל"ן- ניתן לכל אדם שמעוניין לרכוש נדל"ן (דרך
מנוע החיפוש) לתאם את רצונם עם מתווך שמייצג
את הנדל"ן.

בשלב הראשון בעלי העניין יוצרים פרופיל משתמש חדש בפורטל הבחירה של הנדל"ן.

הפרופיל חיפוש הזה כולל כ- 20 סימנים, בין היתר (ללא הרשימה מלאה) הסימנים הבאים נחשבים חיוניים לחיפוש:

-אזור / מיקוד / עיר

-מראה האוביקט

-גודל האדמה

-שטח המגורים

-מחיר הרכישה / שכירות

-שנת הבינוי

-קומה

-מספר החדרים

-להשכרה (כן / לא)

-מרתף (כן / לא)

-מרפסת / טרסה (כן / לא)

-חימום

-חניון מכוסה (כן / לא)

חשוב לא להכניס סימנים באופן שרירותי אלא לבחור באמצעות לחיצה או על ידי פתיחת הסימנים בשדה המתאים (למשל, "סוג הנכס") מתוך הרשימה של האפשרויות שכבר ניתנו לנו /כגון "סוג הנכס:" דירה, בית חד משפחתי, מחסן, משרד. המעוניינים יכולים להגדיר פרופילים חדשים. כמו כן הם יכולים לשנות את הפרופיל הקיים. בנוסף לכך,האנשים המעוניינים יכולים להכניס את הפרטים המלאים לשדות פרטי המשתמש.

כגון- שם משפחה, שם פרטי, רחוב, מספר הבית , מיקוד, עיר, מספר הטלפון ואת כתובת הדואר האלקטרוני. בהקשר הזה, בעלי העניין מסכימים ליצירת קשר ולשילוח הנכס המתאים (הדו"ח) מהאתרים של המתווכים, העבודים עם נדל''ן.

בנוסף, בעלי העניין מגיעים להסכם עם בעלי של הפורטל של מבחר הנדל"ן.

בשלב הבא אפשר להשוות את הפרופילים באמצעות ממשק תכנות היישומים, למשל, עם הממשק התכנות הקיים בגרמניה "openimmo„ שכבר זמין למתווכים שלא גלוים באתר.

חשוב לציין כי ממשק התוכנה - במובנים מסוימים הוא המפתח למימוש - הוא חייב לתמוך כמעט בכל התוכנה הקיימת עבור מתווכים, שעובדים עם נדל"ן, או לספק העברת נתונים.

במידה וזה לא כך- זה צריך להתאפשר מבחינה טכנית. כל עוד בפועל כבר זמינים כאלה ממשקי תוכנה, כמו הממשק שנזכר לעיל אופנימו ואחרים כמותו, חייבת להיות אפשרות להעביר את הפרופילים.

כעת משווים המתווכים את הנכסים המוחזקים על ידם עם פרופילי החיפוש.

כדי לעשות זאת, הנכסים מוכנסים לתוך הפורטל לבחירת הנדל"ן ושם מתואמים הסימנים הרלוונטיים.

. לאחר התאמה מוצלחת אנו מקבלים את התאום עם האינדיקציה הרלוונטית באחוזים..

מתאימות של כ -50%, הפרופילים הופכים להיות נראיים בתכנית המתווכים.

הסימנים השונים מוערכים בינם לבין עצמם (מערכת ניקוד), כך שלאחר השוואת סימנים אנו מקבלים את אחוזי ההתאמה (ההסתברות של ההתאמה). לדוגמה, לסימן "סוג האובייקט" יש משקל רב יותר מאשר לסימן "שטח המגורים".-

בנוסף לכך עשוים להבחר סימנים מסוימים (לדוגמא, המרתף), אשר חייבים להיות בנכס.

בהשוואת הסימנים יש צורך לשים לב כי למתווכים יתנו גישה לאזורים הרצוים (הרשומים).

פעולה הזו מפחיתה את העלות להשוואת הנתונים, יותר מזה- המתווכים מבצעים את עסקאות הנדל"ן לעתים קרובות בתוך אזור העניין.

חשוב לציין כי בזכות מה שנקרא "הענן" בימים האלה אפשר לאחסן ולעבד כמויות גדולות של נתונים.

כדי לספק את התיווך המקצועי בתחום הנדל"ן, לפרופיל החיפוש יכולים לגשת מתווכים בלבד.

בנוסף, המתווכים, שעובדים עם נדל''ן, חותמים על חוזה עם הבעלים של פורטל המבחר בנכסים.

לאחר ההתאמה המתווכים צריכים ליצור קשר עם בעלי העניין ולהיפך, בעלי העניין - עם המתווכים.

כמו כן אם המתווכים שלחו את הדו"ח לבעלי העניין, יהווה הדו"ח כראייה על העבודה המבוצעת או כתביעה של המתווך לעמלה במקרה של מכירה או השכרה.

זה מעיד על כך שהמתווך, העובד עם נדל''ן, מוסמך על ידי הבעלים (מוכר או משכיר) לתווך, או שיש לו הסכמה על הצעתו.

6.תחום היישום

המבחר של הנכסים שמוזכר כאן, מתאים לקנייה ולהשרכה של נדל"ן כמו ענפי המגורים וכמו ענפי התעשייה. סימנים נוספים נדרשים עבור אובייקטים תעשייתים.

מהצד של בעלי העניין יכול להיות, כפי שקורה בפועל, גם מתווך, שעובד עם נדל''ן, אך הוא עובד לצד הלקוח.

אם נתבונן מהצד הגיאוגרפי, הפורטל לבחירת הנכסים מתפשט כמעט לכל מדינה.

7. היתרונות

המבחר הזה בנכסים מציע תועלת גדולה לבעלי העיניין אם הם, למשל, מחפשים נדל"ן באזור (מקום מגוריהם) או בעת מעבר למקום עבודה בעיר / אזור אחר.

הם יויצרים פרופיל חיפוש רק פעם אחת ומקבלים מהמתווכים באזור הנחוץ את הנכסים התואמים.

עבור המתווכים, חוץ מזה, מוצעים יתרונות גדולים בתחום החיסכון בזמן ויעילות במכירה או בהשכרה.

הם רואים עד כמה גבוה הפוטנציאל של האדם המסוים בגין האוביקטים שהם מציעים.

בנוסף לכך, המתווכים, שעובדים עם נדל''ן, יכולים לגשת לקהל היעד שלהם ישירות, אשר הביע את הרצונות הספציפיים לגבי הנכס הרצוי, על ידי יצירת פרופיל חיפוש (בין השאר, שליחת דו"ח בנכסים).

עם זאת, גדלה איכות הקשרים עם בעלי העניין, שיודעים מה הם מחפשים.

בגלל זה מספר תאריכי הבדיקה הבאים מצטמצמים-
וכך מופחתת התקופה של הכנת הנכס שאיתו עובדים
המתווכים.
בסוף הבדיקה בנדל"ן, שבחרו בעלי העניין באמצעות
מתווך, חותמים- כמקובל על החוזה של הרכישה או
ההשכרה

8. החישוב המשוער (הפוטנציאלי)- רק של דירות ובתים שבשימוש הבעלים (אין הדירות או הבתים להשכרה, כמו גם הנדל"ן התעשייתי)

הדוגמא הבאה מבהירה את הפוטנציאל שיש בפורטל לבחירת הנדל"ן.

באזור הכלכלי, עם אוכלוסייה של 250,000 תושבים, בעיר מינכנגלדבאך לפי סטטיסטיקה יש 125,000 משקי בית (2 תושבים למשק).

הממוצע של מעברי הדירות הוא 10%. לפיכך, לדירה חדשה עוברים מדי שנה 12,500 משפחות. סכום המעברים למינכנגלדבאך או ממינכנגלדבאך לעיר אחרת לא נלקח בחשבון.

מבין אלה, כ- 10,000 משפחות (80%) מחפשות דירה להשכרה וכ. 2,500 משפחות (20%) מחפשות נדל"ן לקניה.

על פי הדו"ח של ועדת מומחי השוק המקרקעין של מונכנגלאדבאך בשנת 2012, היו 2,613 מקרים של רכישת נדל"ן. זה מאשר את המספר כאמור לעיל של 2,500 האנשים המעוניינים לקנות דירה. ייתכן שיש יותר, שכן לא כל אדם שחיפש את הנכס, למשל, מצא אותו.

המספר האמיתי של האנשים המעוניינים, במקרה המסוים הזה, והמספר פרופילי החיפוש היה כפול מממוצע מעברי הדירה- כ. 10%, כלומר 25,000 פרופילי חיפוש. זה כולל את העובדה כי הצדדים המעוניינים יוצרים כמה פרופילי חיפוש בפורטל לבחירת הנדל"ן.

בנוסף ראוי להזכיר כי פעם, מניסיון, כמחצית מכלל האנשים המעוניינים (קונים ושוכרים) מצאו את הנכס שלהם באמצעות מתווך נדל"ן פרטי, בערך כ-6,250 משפחות.

עם זאת, מניסיון לפחות 70% מהמשפחות חיפשו דרך הפורטלים נדל"ן באינטרנט, נובע כ-8,750 משפחות (המכילות 17,500 פרופילי חיפוש).

אם 30% מכל בעלי העניין, כלומר, 3,750 משפחות (המכילים 7,500 פרופילי חיפוש) בעיר כמו מינכנגלדבאך, הגדירו פרופיל חיפוש בפורטל לבחירת הנדל"ן, אזי המתווכים המחוברים היו יכולים להציע בשנה את הנכס המתאים ל-1,500 מהפרופילים הספציפים האלה (20%) שמעוניינים לקנות, ול-6000 מהפרופילים (80%) שמעוניינים להשכיר.

זה אומר כי בזמן החיפוש הממוצע של 10 חודשים, ובמחיר של 50 אירו לחודש עבור כל פרופיל חיפוש שנוצר לבעלי העניין מתקבל עבור 7.500 פרופילים, מחזוריות פוטנציאלית של 3,750,000 אירו לשנה בעיר של 250,000 תושבים. באקסטרפולציה של הנתונים הללו לכל הרפובליקה הפדרלית של

גרמניה, אשר היא ביתם של כ-80 מיליון איש, שווה המחזוריות הפוטנציאלית ל-1.2 מיליארד אירו בשנה. אם במקום 30% מכל בעלי העניין, למשל, 40% היו מחפשים נכס דרך הפורטל לבחירת הנדל"ן, אזי המחזוריות הפוטנציאלית היתה גדלה ל-1.6 מיליארד אירו בשנה.

המחזוריות הפוטנציאלית הזו חלה רק על דירות ובתים שבשימוש הבעלים. הנדל"ן להשכרה, והנכסים רווחיים או במגזר המגורים או בכל התחום הנדל"ן התעשייתי אינה נכללת בחישוב הפוטנציאלי. כאשר מתוכם כ- 50,000 חברות בגרמניה, שמשתתפות בתיווך הנדל"ן (כולל חברות בנייה, וחברות נדל"ן אחרות), עם כ-200,000 עובדים. כ-20% מתוך ה-50,000 חברות האלה, משתמשים בפורטל לבחירת הנדל"ן, עם בממוצע של 2 רישיונות, בעלות של 100 אירו לחודש לרישיון. המחזוריות הפוטנציאלית הופכת ל-72 מיליון אירו בשנה.

בנוסף לכך, צריכה להתקיים הרשמה אזורית. לפרופילי החיפוש המקומיים, כך שיש פוטנציאל משמעותי נוסף,שיכול להיוצר בהתאם לעיצוב.

למתווכים העובדים עם נדל''ן, הודות הפוטנציאל הגדול של בעלי העיניין, עם הפרופילים הספציפיים האלה, לא צריך יותר לעדכן את מסדי הנתונים בתכיפות, אם בכלל קיימים שינוים. יתר על כן, מספר הפרופילים הנוכחי צפוי לעלות על מספר הפרופילים שנוצרו על ידי מתווכים רבים בבסיס הנתונים שלהם.

אם הפורטל החדשני לבחירת נדל"ן יוטמע במדינות רבות, אזי הקונה מגרמניה, למשל, יוכל ליצור פרופיל חיפוש לדירות חופשה באי מיורקה שבים התיכון (ספרד) ומתווכים המחוברים למיורקה, שעובדים עם נדל''ן, יוכלו כל פעם להציג דירות המתאימות ללקוחות הגרמנים באמצעות הדואר האלקטרוני.

אם הדו"חות הנשלחים היו כתובים בספרדית, אז כיום בעלי העניין יכולים לתרגם את הטקסט לגרמנית בהקדם האפשרי באינטרנט דרך תמיכת תוכניות התרגום.

כדי שניתן יהיה לממש את התיאום של הפרופילי החיפוש והנכס שנבחרו באמצעות מתווך, למעט השפה, בתוך הפורטל לבחירת הנדל"ן, ההשוואה של התכונות המתאימות יכולה להיות מיושמת על סמך סימנים תכנותיים (מתמטיים) מלבד השפה, ולאחר מכן להקצות את התרגום בשפה המתאימה.
בעת השימוש הבפורטל לבחירת הנדל"ן בכל יבשת, המחזוריות הפוטנציאלית מחושבת (רק למעונינים בחיפוש) באמצעות ספירה פשוטה כדלקמן.

האוכלוסייה בעולם:7.5 מיליארד תושבים.

1. אוכלוסייה במדינות המפותחות ובמדינות מתועשות: 2.0 מיליארד תושבים.

2. האוכלוסייה במדינות המתועשות החדשות: 4.0מיליארד תושבים.

3. אוכלוסייה במדינות מתפתחות: (1.5 מיליארד דולר) תושבים

המחזוריות השנתית הפוטנציאלית של הרפובליקה הפדרלית של גרמניה היא בסך הכל 1.2 אירו כשיש לה-80 מיליון תושבים. ניתן לעשות אקסטרפולציה באמצעות הקואפיציינטים הבאים שמקובלים עבור המדינות המתפתחות החדשות.

1. מדינות מתועשות 1,0

2. מדינות מתועשות חדשות 0,4

3. מדינות מתפתחות 0,1

לפיכך, אנו מקבלים את המחזוריות השנתית הפוטנציאלית הבאה (1.2 מיליארד אירו X (המדינות המתועשת והמדינות מתפתחות) / 80 מיליון תושבים X הקואפיציינט)

1. המדינות המתועשות:
30.00 מיליארד אירו.

2. המדינות המתועשות החדשות:
24.00 מיליארד אירו

3. המדינות מתפתחות: 2.25 מיליארד אירו

סה"כ: **56,25 מיליארד אירו**

9. מסקנות

בשימוש בפורטל לבחירת הנדל"ן לבעלי העניין, המתווכים מקבלים יתרונות משמעותיים.

1. בעלי העניין מפחיתים באופן משמעותי את הזמן בחיפוש אחר הנכס המתאים, כי הם מייצרים פרופיל חיפוש רק פעם אחת.

2. המתווכים שעובדים עם נדל''ן, מקבלים מושג כללי על מספר בעלי העניין אם כבר קיימים בקשות ספציפיות (פרופיל חיפוש).

3. בעלי העניין מקבלים רק את הנכס הרצוי או המתאים (בהתאם לפרופיל החיפוש), המיוצג על ידי כל המתווכים (הנבחר כמעט אוטומטית מראש).

4. המתווכים שעובדים עם נדל''ן, מקצצים את עלויות התחזוקה שלהם למסד הנתונים האישיים עבור פרופילי החיפוש, כי ברשותם

תמיד נמצא מספר גדול מאוד של פרופילי חיפוש.

5. מכיוון שלפורטל הבחירה בנדל"ן מחוברים גופים מסחריים בלבד / מתווכים המציעים נדל"ן, בעלי העניין זוכים לאינטרקציה עם מתווכים מקצועיים ומנוסים לעתים קרובות בתחום הנדל"ן.
6. המתווכים, שעובדים עם נדל''ן, מצמצמים את המספר התארכים לבדיקות ואת כל תקופת ההכנה למכירה. גם עבור בעלי העיניין מצטמצם המספר של תאריכי הבדיקות והזמן עד לחתימה על הסכם הקנייה או ההשכרה.
7. בעלימי הנכס למכירה ולהשכרה גם כן חוסכים בזמן. בנוסף, פוחת הזמן שבו הדיור בשכירות אינו מיושב והתשלום עבור רכישת הנדל"ן מתרחש מוקדם יותר בגלל התיווך המהיר או המכירה. כנ"ל הרווח הכספי.

עם המימוש או ההתגלמות של רעיון הבחירה

בנדל"ן, אפשר לעשות התקדמות משמעותית

בתיווך בנדל"ן.

10. הטמעת הפורטל לבחירת הנדל"ן בתוכנה חדשה עבור מתווכים, שעוסקים בנדל"ן, כולל הערכת הנכס.

לבסוף, הפורטל לבחירת הנדל"ן שתואר כאן יכול להיות או צריך להיות מרכיב חיוני ראשון של התוכנה החדשה, והאידיאלית ברחבי העולם עבור מתווכים, שעובדים עם נדל''ן. משמעות הדבר היא כי מתווכים, שעובדים עם נדל''ן, יכולים או להשתמש בפורטל לבחירת הנדל"ן בנוסף לשימוש התוכנה, או במקרה האידיאלי, ליישם את התוכנה החדשה עבור מתווכים, כולל את הפורטל לבחירת הנדל"ן.

הודות ההטמעה של הפורטל החדשני והיעיל הזה לבחירת הנדל"ן לתוכנה משלה עבור מתווכים, שעובדים עם נדל''ן, מיוצר הייחוד היסודי של התוכנה, אשר חשובה עבור חדירה לשוק.

ככל שבמקרה של תיווך נכס, הערכת הנכס תמיד תהווה מרכיב חשוב, אזי בתוכנה עבור המתווכים, שעובדים עם נדל''ן, חייב להיות משולב כלי להערכת שווי הנדל"ן.

בהערכת הנכס עם השיטות המתאימות לחישוב, ניתן לגשת באצמעות קריאה מהירה לנתונים / פרמטרים חשובים מהנתונים על הנכס שנוצרו על-ידי המתווך. במידת הצורך, המתווך שעובד עם נדל''ן מוסיף פרמטרים חסרים, באמצעות בדיקה משלו של השוק האזורי.

בנוסף, בתוכנה עבור המתווכים אמורה להיות אפשרות לבנות את הסיור הווירטואלי לנכס, הנבחר דרך המתווך. ניתן להשיג זאת, למשל, בצורה פשוטה- בפיתוח יישומים נוספים עבור הטלפון הנייד ו / או הטאבלט, שלאחר הסיור הווירטואלי המוצלח של הנדל"ן, תיהיה מוטמעת באופן אוטומטי לתוכנה עבור המתווך, העובד עם נדל''ן.

אם הפורטל היעיל וחדשני לבחירת הנדל"ן מוטמע לתוכנה החדשה עבור המתווכים יחד עם ההערכה של הנכס, פוטנציאל המחזוריות גדל באופן משמעותי.

_____ .

Matthias Fiedler

Korschenbroich, 31.10.2016

Matthias Fiedler

Erika-von-Brockdorff-Str. 19

41352 Korschenbroich

גרמניה

www.matthiasfiedler.net

.